Todos los libros de Linkgua Ediciones cuentan con modelos de Inteligencia Artificial entrenados por hispanistas. Pregúntale al chat de tu libro lo que desees acerca de la obra o su autor/a.

Para ebooks: Accede a nuestro modelo de IA a través de este enlace.

Para libros impresos: Escanea el código QR de la portada con tu dispositivo móvil.

Obtén análisis detallados de nuestros libros, resúmenes, respuestas a tus preguntas y accede a nuestras ediciones críticas generativas para una experiencia de lectura más enriquecedora. La transparencia y el respeto hacia la autoría de las fuentes utilizadas son distintivos básicos de nuestro proyecto. Por ello, las respuestas ofrecen, mediante un sistema de citas, las fuentes con las que han sido elaboradas.

Pedro Calderón de la Barca

La pedidora

Barcelona 2024
Linkgua-ediciones.com

Créditos

Título original: La pedidora.

© 2024, Red ediciones S.L.

e-mail: info@Linkgua-ediciones.com

Diseño cubierta: Michel Mallard

ISBN rústica ilustrada: 978-84-9816-430-5.
ISBN ebook: 978-84-9816-714-6.

Sumario

Créditos   4

Brevísima presentación   7
    La vida   7

Las jácaras   9

Personajes   10

Acto único   11

Libros a la carta   23

Brevísima presentación

La vida

Pedro Calderón de la Barca (Madrid, 1600-Madrid, 1681). España.

Su padre era noble y escribano en el consejo de hacienda del rey. Se educó en el colegio imperial de los jesuitas y más tarde entró en las universidades de Alcalá y Salamanca, aunque no se sabe si llegó a graduarse.

Tuvo una juventud turbulenta. Incluso se le acusa de la muerte de algunos de sus enemigos. En 1621 se negó a ser sacerdote, y poco después, en 1623, empezó a escribir y estrenar obras de teatro. Escribió más de ciento veinte, otra docena larga en colaboración y alrededor de setenta autos sacramentales. Sus primeros estrenos fueron en corrales.

Lope de Vega elogió sus obras, pero en 1629 dejaron de ser amigos tras un extraño incidente: un hermano de Calderón fue agredido y, éste al perseguir al atacante, entró en un convento donde vivía como monja la hija de Lope. Nadie sabe qué pasó.

Entre 1635 y 1637, Calderón de la Barca fue nombrado caballero de la Orden de Santiago. Por entonces publicó veinticuatro comedias en dos volúmenes y La vida es sueño (1636), su obra más célebre. En la década siguiente vivió en Cataluña y, entre 1640 y 1642, combatió con las tropas castellanas. Sin embargo, su salud se quebrantó y abandonó la vida militar. Entre 1647 y 1649 la muerte de la reina y después la del príncipe heredero provocaron el cierre de los teatros, por lo que Calderón tuvo que limitarse a escribir autos sacramentales.

Calderón murió mientras trabajaba en una comedia dedicada a la reina María Luisa, mujer de Carlos II el Hechizado. Su hermano José, hombre pendenciero, fue uno de sus editores más fieles.

La pedidora

Personajes

Teresa
Un Capitán
Lucía
Un Galán
Inés
El Gracioso
Un Licenciado
Un Hombre
Un Vejete

Acto único

(Salen Teresa y Lucía.)

Teresa	No me hables de intereses,
	que es lugar muy común en entremeses;
	y es cosa muy cansada ver, Teodora,
	que te llame el lugar la Pedidora,
	porque de noche y día 5
	siempre pidiendo estás.
Lucía	Teresa mía,
	el tiempo lo requiere;
	porque el hombre que más dice que muere
	hoy, contra nuestra fama,
	quiere más su dinero que su dama 10
	y así, al paso les salgo,
	pidiendo mucho para que den algo.
	El que a dar se resuelve,
	eso me hallo; y el que no, no vuelve;
	con que logro mi fin o el suyo ataja, 15
	pues me quedo sin él o con la alhaja.
Teresa	No es mala la doctrina;
	mas, con todo, imagina
	que de pedir no es bien notada seas.
Lucía	Eso me importa poco, y porque veas 20
	lo que vale, has de llevarte agora

de paso una lición. ¡Inés!

(Dentro.)

Inés   Señora.

Lucía   Traite el libro de caja.

(Sale Inés con un libro.)

Inés   Aqueste ha sido.

Lucía   Busca cuenta y razón de lo pedido.

Inés   Hojearle para eso es necesario.   25

(Hojea.)

Lucía   Ve a la P, pues tiene abecedario.

Inés   Pedido, fojas ciento; ya le he hallado.

Lucía   Pues las partidas lee de lo no dado
                     que están vivas, y sírvanos el vellas
                     de enseñar y [...] hacer memoria dellas,   30
                     porque la cobradora hacer intente
                     su diligencia.

Inés (Lee.)   «En cuatro del corriente
                     al escolar, que a lo discreto ama,
                     le fue pedido...»

Lucía	¿Qué?
Inés	«Un jubón de lama.»
Lucía	¿No hay margen?
Inés	Sí, imagino. 35
Lucía	¿Y cómo dice?

Inés
               Al hijo del vecino,
cuyo amor es tan fino,
que excede a todos, que es amante sumo,
cuatro piezas para el de puntas de humo;
ítem, en cinco al portugués finchado,   40
un justillo a su gusto sazonado;
dicho día al Doctor unas enaguas;
al Capitán en seis, se hizo demanda
de una pieza de Holanda,
y al Tratante, que se entra a caballero,   45
se le notificó diese un vaquero».

Lucía	¿Qué más?
Inés	No hay más.
Teresa	¿Qué más haber podía?
Lucía	Es que he dado en pedir con cortesía de unos días acá.

Teresa	Yo mucho temo
	que viéndote vivir con tal extremo,　　50
	y habiendo ya caído en ello todos,
	se han de vengar, buscando algunos modos
	de dejarte corrida.

Lucía	No temas que me pase eso en mi vida;
	y has de ver antes de irte, es cosa cierta,　55
	entrar el bien de Dios por esta puerta.

Teresa	Holgareme de ver lo que te pasa,
	para hacer mis asientos yo.

(Dentro, un Licenciado [golpeando la puerta].)

Licenciado　　　　　　　　　　　　　　¡Ah de casa!

Lucía　　　　　¿Llaman?

(Inés mira al paño.)

Inés　　　　　　　　Sí.

Lucía　　　　　　　　　　Quién es, mira.

Inés　　　　　　　　　　　　　　El Licenciado.

Lucía　　　　　¿Con pie llama? ¡Señal de estar cargado!　60
　　　　　　　Siempre abre presto al que con pie llama.

Dicho y hecho: ¡jubón tengo de lama!

(Sale un Licenciado de sacristán.)

Licenciado	Dichosa fue la nube
	que concibió el vapor, que del mar sube
	donde el Sol la rubia 65
	madeja hiriendo, desató la lluvia,
	cuyo cristal vivificado deja
	los romeros, que en flor libó la abeja,
	de cuyo humor golosa
	se fabricó la miel, que artificiosa 70
	echó de sí la cera,
	con que encerar pudiera
	el zapatero el cabo, que no ingrato,
	el ponleví cosió de tu zapato,
	en cuya huella poca, 75
	yo, indigno pecador, pongo la boca
Lucía	Déjese de retórica. Y agora
	diga, ¿traime el jubón?
Licenciado	Sí, mi señora.
Lucía	Descubra, a ver...
Licenciado	Primero
	un epigrama al caso decir quiero: 80
	Vuestro papel recibí,
	y viendo en vuestro papel
	un jubón de lama, dél
	al alma traslado di;

ella, que me estima a mí,   85
viendo cuánto mi alma os ama,
quiso volver por mi fama;
y así me dio su jubón,
con que pudo mi afición
traeros jubón del ama.   90

(Saca un jubón muy roto.)

Lucía   ¿Qué es esto? ¿Andrajo a mí? ¡De juicio
                 salgo!

Teresa   Es pedir mucho para que den algo.

(Dentro, Vejete.)

Vejete   ¡Ah de casa!

Lucía   No os vea
                 el que ahora viene.

Teresa   Este aposento sea
                 el que os guarde.

Licenciado   No habré sido   95
                 el primer sacristán que se ha escondido.

(Escóndese el sacristán y sale el Vejete con una frasquera.)

Vejete   Enaguas que me enviaste
                 a pedir esta mañana;
                 mi amor dice, esta frasquera

	que es quien más entiende de aguas.　　100
Lucía	Pues estoy de buen humor.
Vejete	Bañaos en agua rosada.

(Saca un pomo.)

Lucía	¡Lindo es esto, por mi vida, cuando estoy de ira y de rabia hecha un volcán!
Vejete	Aguardiente.　　105

(Saca un frasco.)

Lucía	¡Pues es buena la templanza que aplica un Dotor a quien un fuego es!
Vejete	Agua de malvas.

(Saca un pomo.)

Lucía	Todo me sucede hoy mal.
Vejete	Agua de azar.

(Saca otro pomo.)

Lucía	¿No repara　　110

que echo rayos por los ojos?

Vejete   Ya lo veo; y a esa causa
es esta agua luminosa.

(Saca otro pomo.)

Lucía   ¿No le estremece ni espanta
mi cólera?

Vejete   Agua de guindas.   115

(Saca otro pomo.)

Lucía   ¡Cuánto va que si me cansa
que hecha una fiera, a él y a todos
los botes por la ventana
echo?

Vejete   Agua de León Franco.

(Saca otro pomo.)

Lucía   No me obligue a que le haga   120
dar a entender que le hiede
la vida.

Vejete   Agua de ámbar.

(Saca otro pomo.)

[Lucía]   ¡Ya me falta la paciencia!

(Vase.)

[Se oye un disparo.]

Inés   ¡Jesús!

Teresa   ¡El cielo me valga!

Lucía   Mira, Inesilla, qué ha sido   125
                eso.

(Sale un Capitán muy apresurado con una pistola; que dispara antes de salir.)

Capitán   La pieza de Holanda,
                que desde Absterdán la he hecho
                traer para hacerte esta salva.

Lucía   ¿Con qué estruendo se viene?

Capitán   Pues agora fue sin bala;   130
                pero con ella otra vez
                volará toda esta casa;
                y porque lo veas, espera:
                carga con bala y dispara.

(Da la pistola a otro soldado.)

Lucía   ¡No haga tal, señor soldado,   135

por Dios!

Capitán	Lo que se me encarga
	a mí, nunca es para menos,
	que no soy hombre de chanzas.
	Dale fuego, y vuele todo.

(Todos dentro.)

Todos   ¡Au, au, guarda el toro, guarda!   140

Lucía   ¿Qué es esto?

(Ruido de toros dentro, y sale un Galán y el Gracioso a caballo, de vaquero.)

Galán   Como un vaquero
me pediste, bella ingrata,
por servirte envié por él
a la orilla de Jarama;
y así, vine a tu obediencia   145
con caballo y vara larga.

Gracioso   Yo soy, señora, un vaquero
de tanta opinión y fama,
que siempre se andan tras mí
toros, novillos y vacas;   150
y así, cuando vengo a veros
traigo tras mí mi vacada.
¿Dónde la hemos de encerrar?

Lucía   Hombre, ¿dónde has de encerrarla

| | preguntas? ¿Con eso vienes | 155 |
| | a hacer mi casa algarrada? | |

Gracioso	A saber donde venía,	
	trajera toros de falda;	
	pero éstos son los más bravos	
	que en toda la orilla se hallan.	160

(Sale uno muy alborotado y encuentra con las mujeres.)

| Hombre | ¡Que se ha desmandado un toro, | |
| | y de los otros se aparta! | |

| Capitán | ¡Vive Dios, que entra hasta aquí! | |

| Lucía | ¡Quién ha visto tal desgracia! | |

| Gracioso | ¿Y quién en el mundo ha visto | 165 |
| | correrse toros en sala? | |

| Lucía | ¡El diablo que espere más! | |

Capitán	No temáis, hermosas damas,	
	que a aqueste toro casero	
	le haré en mis brazos migajas.	170

(Sale un toro y pega con todos, y echa a rodar al Capitán y hácele a topetadas entrarse.)

¡Jesús, que me mata el toro!

Teresa	¡Amiga, el desván me valga!
Gracioso	Linda cosa es ser vaquero,
	pues cuando a todos arrastra,
	no quiere nada conmigo. 175
	Mas ¡vive Dios! que se encara:
	¡Toro, que soy el vaquero!

(Embiste con el Gracioso y échalo a rodar, y descubre una camisa muy sucia y muy llena de palominos.)

> ¡Que me mata, que me mata!
> ¡El diablo que se detenga
> a pedir perdón de faltas!   180

Libros a la carta

A la carta es un servicio especializado para
empresas,
librerías,
bibliotecas,
editoriales
y centros de enseñanza;
y permite confeccionar libros que, por su formato y concepción, sirven a los propósitos más específicos de estas instituciones.

Las empresas nos encargan ediciones personalizadas para marketing editorial o para regalos institucionales. Y los interesados solicitan, a título personal, ediciones antiguas, o no disponibles en el mercado; y las acompañan con notas y comentarios críticos.

Las ediciones tienen como apoyo un libro de estilo con todo tipo de referencias sobre los criterios de tratamiento tipográfico aplicados a nuestros libros que puede ser consultado en Linkgua-ediciones.com.

Linkgua edita por encargo diferentes versiones de una misma obra con distintos tratamientos ortotipográficos (actualizaciones de carácter divulgativo de un clásico, o versiones estrictamente fieles a la edición original de referencia).

Este servicio de ediciones a la carta le permitirá, si usted se dedica a la enseñanza, tener una forma de hacer pública su interpretación de un texto y, sobre una versión digitalizada «base», usted podrá introducir interpretaciones del texto fuente. Es un tópico que los profesores denuncien en clase los desmanes de una edición, o vayan comentando errores de interpretación de un texto y esta es una solución útil a esa necesidad del mundo académico.

Asimismo publicamos de manera sistemática, en un mismo catálogo, tesis doctorales y actas de congresos académicos, que son distribuidas a través de nuestra Web.

El servicio de «libros a la carta» funciona de dos formas.

1. Tenemos un fondo de libros digitalizados que usted puede personalizar en tiradas de al menos cinco ejemplares. Estas personalizaciones pueden ser de todo tipo: añadir notas de clase para uso de un grupo de estudiantes, introducir logos corporativos para uso con fines de marketing empresarial, etc. etc.

2. Buscamos libros descatalogados de otras editoriales y los reeditamos en tiradas cortas a petición de un cliente.

Lk

www.ingramcontent.com/pod-product-compliance
Lightning Source LLC
Chambersburg PA
CBHW020449030426
42337CB00014B/1469